PRÉCIS

DES

OPÉRATIONS MILITAIRES

AUXQUELLES A PRIS PART

LA BRIGADE PORION

PENDANT LE SIÉGE DE PARIS

1870-71

PRIX : UN FRANC

PARIS
LIBRAIRIE GÉNÉRALE

DÉPOT CENTRAL DES ÉDITEURS

72, BOULEVARD HAUSSMANN, ET RUE DU HAVRE

BRUXELLES	VERSAILLES
OFFICE DE PUBLICITÉ	CHEZ O. BERNARD

M.DCCC.LXXI

PRÉCIS

DES

OPÉRATIONS MILITAIRES

AUXQUELLES A PRIS PART

LA BRIGADE PORION

PARIS

IMPRIMERIE JOUAUST

RUE SAINT-HONORÉ, 338

PRÉCIS

DES

OPÉRATIONS MILITAIRES

AUXQUELLES A PRIS PART

LA BRIGADE PORION

PENDANT LE SIÉGE DE PARIS

1870-71

PARIS
LIBRAIRIE GÉNÉRALE
DÉPOT CENTRAL DES ÉDITEURS
72, BOULEVARD HAUSSMANN, ET RUE DU HAVRE

BRUXELLES	VERSAILLES
OFFICE DE PUBLICITÉ	CHEZ O. BERNARD

M.DCCC.LXXI

AU GÉNÉRAL PORION

COMMANDANT LA 1re BRIGADE DE LA 1re DIVISION
DU CORPS DE LA RIVE GAUCHE
DE LA 3e ARMÉE

PENDANT LE SIÉGE DE PARIS

1870-71

PRÉCIS

DES

OPÉRATIONS MILITAIRES

AUXQUELLES A PRIS PART

LA BRIGADE PORION

Le siége de Paris comprend trois périodes :
1° La période de l'inaction, qui va du 18 septembre, jour de l'investissement, au 26 novembre, où commencent les opérations sur la Marne ;

2° La période de l'action, du 26 novembre au 5 janvier, jour où les Prussiens ouvrent le feu sur les forts et sur Paris ;

3° La période du bombardement, du 5 janvier au 28 du même mois, où les opérations militaires sont arrêtées par l'armistice.

Durant la première période, une grande partie des gardes mobiles des départements furent laissées inactives On peut particulièrement citer celles de la Loire-Inférieure, de la Somme, de la Vendée, de Seine-et-Oise, du Morbihan, du Tarn, des Côtes-du-Nord, etc. La plupart avaient été réunies sous le commandement de M. le général de division Corréard, sous le commandement en second de M. le général de brigade Dargentolle. D'abord dispersées chez l'habitant, puis cantonnées sur le boulevard des Invalides, au Champ de Mars et sur le boulevard de Port-Royal, ces troupes, ou du moins une partie d'entre elles, avaient servi à réprimer la tentative factieuse du 31 octobre. Là s'était borné leur rôle militaire.

Vers la fin de novembre, le Gouvernement de la défense nationale sortit de l'inaction qu'il avait gardée jusque-là. Une organisation nouvelle fut donnée à l'armée de Paris. Une partie des gardes mobiles cantonnées servit à former une division active, dont le commandement resta au général Corréard. Le général Dargentolle fut mis à la tête d'une brigade de force publique, et la division Corréard fut partagée entre deux brigadiers.

La 1ʳᵉ brigade, dont nous avons à nous occuper, comprenait le 52ᵉ régiment de garde mobile (1ᵉʳ, 2ᵉ, 5ᵉ bataillons de la Somme), le 3ᵉ bataillon de la Somme, le bataillon des gardiens de la paix publique. On devait y adjoindre par la suite des bataillons de garde nationale mobilisée.

Le commandement de cette brigade, composée, on le voit, en grande majorité de Picards, fut, sur sa demande, donné au colonel Porion. Originaire de Picardie, le colonel Porion est un soldat de l'école d'Afrique, un contemporain et un ami des Le Flô, des Changarnier, des Lamoricière. Entré au service en 1830, à la suite des journées de Juillet, où il fut blessé, il gagna tous ses grades en Algérie, où il fut plusieurs fois mis à l'ordre du jour de l'armée. Rentré en France, il prit part à la campagne de 1851 contre les anarchistes, aux campagnes de Crimée et d'Italie. Nos désastres le trouvèrent commandant supérieur de la place de Douai, et le gouvernement de l'Empereur, qui savait pouvoir compter sur l'ancien lieutenant-colonel des zouaves de la garde, l'appela à commander la forteresse du Mont-Valérien.

Remplacé au Mont-Valérien par le général Noël, il demanda cette brigade que l'on venait de former avec les gardes mobiles de son département et l'obtint. Ce fut un grand bonheur pour les jeunes troupes, qui trouvèrent en lui l'exemple le plus haut de courage, d'abnégation et de dévouement. A soixante-six ans, le colonel Porion était, par son intrépidité et par son activité, le plus jeune des officiers de sa brigade. Les hommes de ce temps-là ignorent ce qu'est la fatigue et ne veulent pas savoir ce qu'est le danger.

L'état-major de la brigade se composait de MM. Leroy et Canappe, lieutenants de la garde nationale mobile de la Somme, attachés au colonel. Le quartier général était au palais du Luxembourg.

Bientôt, le 26 novembre, la brigade recevait l'ordre d'entrer en campagne. Elle allait relever aux avant-postes la brigade Comte, de la division Faron, appelée à prendre une part active aux grands événements militaires qui marquèrent la fin de novembre et le commencement de décembre. Le quartier général de la brigade fut transporté à Malakoff, Petit-Vanves. Les troupes furent logées dans les maisons abandonnées de ce village. Ce cantonnement, au reste, se trouvait trop éloigné de la ligne que la brigade avait à garder, et l'on dut bientôt évacuer Malakoff pour aller occuper Montrouge, Vanves et Issy. Le colonel s'établit alors au Lycée du Prince Impérial, à Vanves, où il resta jusqu'à la fin du siége.

La ligne des postes fournis par la première brigade seule s'étendait de la Seine à Montrouge, c'est-à-dire sur une étendue de plus de trois kilomètres. Des postes étaient établis au pont de Billancourt et à l'usine à pétrole qui se trouve à la tête de ce pont, sur la route des Moulineaux, dans le parc du château d'Issy, et en avant de ce parc, au cimetière d'Issy, sur le chemin de Vanves et à la batterie à gauche du fort d'Issy, sur la route de Clamart, dans la batterie à droite du fort de Vanves, dans la batterie à gauche du même fort, dans une batterie à droite du fort de Montrouge, enfin dans le parc de Montrouge. Chacun de ces postes était fourni par une compagnie. En cas de mouvement sur un point quelconque de la ligne, une compagnie de soutien venait renforcer la compagnie de garde. Les postes se reliaient entre eux par une chaîne de sentinelles disposées dans les tranchées à des intervalles fort rapprochés, et ils étaient éclairés par une série de postes à demeure et de sentinelles volantes dont les emplacements avaient été reconnus avec soin. Les postes étaient relevés chaque matin à cinq heures et demie, et restaient doublés par la garde descendante jusqu'à sept heures. Chaque matin, un rapport sur les événements de la nuit devait être envoyé au général de brigade par les chefs de poste; ce rapport, transmis au général de division, parvenait avant midi au gouverneur. Le service des avant-postes était assuré par de fréquentes visites des généraux et de leurs officiers d'ordonnance De plus, chaque jour, un des officiers supérieurs était de garde comme major de tranchée. Responsable pendant les vingt-quatre heures, il devait envoyer un rapport à la brigade. On le voit, aucune précaution n'avait été négligée pour établir une surveillance exacte.

Pour fournir aux besoins de ce service si important et si considérable (onze compagnies de garde et huit compagnies de soutien), la brigade était à coup sûr bien peu nombreuse.

Nous avons indiqué quelle en était la composition. Quatre bataillons de garde mobile, un bataillon de garde nationale, un bataillon de gardiens de la paix. En tout, 4,824 hommes présents.

Le 52ᵉ régiment provisoire (Somme) était composé des 1ᵉʳ, 2ᵉ et 5ᵉ bataillons de mobiles de ce département. C'étaient, nous l'avons vu, des hommes tout neufs, ignorant complétement le métier, et déjà fort éprouvés par la maladie. A la date du 1ᵉʳ décembre, le chiffre des malades à l'hôpital, dans ce régiment d'un effectif total de 2,864 hommes, était de 342. La proportion était la même au 3ᵉ bataillon de la Somme : 128 malades sur 834 d'effectif. Le corps d'officiers était généralement composé de jeunes gens zélés, mais ignorants. Fort peu de capitaines avaient servi. Les lieutenants et sous-lieutenants n'avaient aucune teinture du métier. L'élection, de plus, avait, comme partout, désorganisé les cadres.

Une des mesures les plus déplorables prises par le Gouvernement de la défense nationale a été assurément ce décret relatif à l'élection des officiers. Cette mesure, qui n'était nullement commandée par les événements, que rien n'avait préparée, que rien ne justifiait et qui ne fut amenée que par les intrigues de quelques ambitieux, fut exécutée d'une manière peu sérieuse. Au lendemain du combat de Châtillon, sans que les hommes eussent pu se concerter ou chercher des candidats en dehors de leurs bataillons, on dut voter, et l'on vota évidemment de façon à éliminer tous les officiers qui cherchaient à faire du service et à maintenir la discipline. Les hommes votèrent, quand ils en eurent l'occasion, pour d'anciens sous-officiers, pour d'anciens soldats entrés dans la garde mobile comme remplaçants et qui les avaient étonnés par leurs histoires militaires. La discipline de l'armée fut tuée ce jour-là. Évidemment, parmi les officiers nommés par le Gouvernement tombé, il se trouvait des choix malencontreux. Beaucoup de jeunes gens n'avaient demandé un grade que pour se soustraire à l'obligation d'être soldats. Beaucoup n'avaient vu là qu'un uniforme doré. Pour quelques-uns, ç'avait été un moyen d'entrer aux bals des Tuileries. Peu avaient compris la grandeur du devoir qu'ils s'imposaient, mais du moins ils étaient presque tous gens de bonne famille, ayant le sentiment de leur dignité personnelle ; et lorsqu'ils se trouvèrent en face du devoir, bien qu'ils ne l'eussent pas souhaité si aride et si dur, peu reculèrent. Les élections ne furent pas aussi déplorables dans la garde mobile de province que dans celle de Paris. Dans la garde mobile de province, les anciens soldats étaient en très-petit nombre ; les officiers, du même pays que leurs hommes, avaient sur eux une véritable influence ; les écarts furent donc moins considérables. Il s'en produisit néanmoins, et surtout à chaque élection il s'en produisait davantage. La discipline s'altérait chaque jour ; les hommes discutaient le mérite de leurs chefs. L'armée se dissolvait, et le Gouvernement avait à sa charge une multitude d'officiers sans emploi que l'interruption des communications le forçait à solder. On essaya d'abord d'en replacer un certain nombre dans les états-majors. On créa des emplois d'adjudants-majors et d'officiers-payeurs qui furent à la nomination du gouverneur. Les inconvénients de l'élection apparaissaient chaque jour davantage. Des restrictions nombreuses furent donc apportées au décret primitif. Le 18 novembre, le Gouvernement décrétait que nul ne pourrait être élu à un grade supérieur, s'il n'était déjà pourvu du grade immédiatement inférieur. Il excluait de toutes nouvelles élections les officiers démissionnaires ou révoqués. Il ordonnait que les chefs de bataillon fussent élus par les officiers du bataillon, mais ne pussent être pris que parmi les capitaines.

Une instruction du 22 novembre venait encore préciser les intentions du Gouvernement. Le 4 décembre, autre décret, qui autorisait, par dérogation exceptionnelle aux décrets antérieurs, la nomination directe par le gouverneur, président du Gouvernement, aux emplois devenus vacants par suite des combats du 30 novembre et du 2 décembre. Le 17 décembre, les effets de ce décret étaient étendus à toutes les vacances qui pourraient se produire. Le principe de l'élection était suspendu jusqu'à nouvel ordre. Enfin, le 18 décembre, décret qui supprime l'élection. Les officiers sont nommés par le Gouvernement, sur la proposition du ministre de la guerre. L'élection était supprimée, ses résultats subsistaient. Des officiers incapables ou indignes étaient nommés. On put frapper les indignes, non les autres. La discipline était anéantie. Les hommes avaient appris à douter de leurs chefs. Et tout cela, pour donner satisfaction à quelques braillards, et parodier une fois de plus la Révolution et les volontaires de 92.

Il fallut du temps pour que la discipline

reprît ses droits. Néanmoins, et malgré les inconvénients graves que nous venons de signaler, le service des avant-postes fut généralement bien compris. Les hommes, guidés par l'instinct de la conservation, faisaient bonne garde et ne se laissaient pas aller à ces fusillades inutiles trop en usage dans la garde nationale mobilisée.

En dehors des gardes mobiles de la Somme, la brigade comprenait le bataillon des gardiens de la paix et des bataillons de garde nationale mobilisée.

Pendant toute la durée du siége, les gardiens de la paix ont fait preuve d'un dévouement au-dessus de tout éloge, d'une intrépidité et d'une discipline admirable. Presque tous anciens sous-officiers, tous anciens militaires, ils avaient été organisés en régiment après le 4 septembre, lorsque le Gouvernement de la défense nationale, cédant aux criailleries de la basse populace, désorganisa le corps des sergents de ville et livra Paris aux fauteurs de désordre. On imposa aux sergents de ville le nom grotesque de gardiens de la paix publique, on les arma d'un fusil et on les envoya aux avant-postes. Mariés et pères de famille, ces hommes ne firent jamais entendre une plainte, bien qu'à tous les points de vue ils fussent fort mal traités. Il suffira d'un mot pour montrer ce qu'ils sont au point de vue de la discipline : une seule punition fut infligée dans ce corps pendant toute la campagne. Un bataillon était à Vanves, aux avant-postes, les autres gardaient les portes de Paris, et relevaient à peu près tous les dix jours le bataillon de garde à l'extérieur.

Au lieu de former des bataillons de gardiens de la paix, des bataillons de douaniers et de gardes forestiers, il semble qu'il aurait été infiniment préférable de prendre dans ces corps, presque entièrement composés d'anciens sous-officiers de l'armée et de la garde, les cadres qui faisaient si complétement défaut dans les jeunes troupes de nouvelle levée. La loi du 10 août mettait à la disposition du Gouvernement la masse énorme des jeunes gens de vingt-cinq à trente-cinq ans; il leur manquait une organisation, des cadres, des officiers. Ces cadres étaient là, dans ces régiments d'élite qui furent inutiles parce qu'ils étaient isolés, et dont le Gouvernement ne voulut pas se servir à cause de je ne sais quelles rancunes politiques. Bien qu'il ne soit pas dans nos intentions de raconter autre chose que l'histoire de la brigade Porion, et bien que les quelques pages de cette brochure ne nous permettent pas d'enregistrer une à une les fautes de M. Trochu, nous n'avons pu nous empêcher, en passant, de marquer celle-ci qui fut si grossière, et de déplorer le peu de parti que l'on sut tirer de cette excellente troupe, admirablement dirigée par M. le commandant Nassoy.

Pour terminer, il nous reste à parler des bataillons de garde nationale mobilisée. Ici notre tache devient difficile. Nous ne pouvons, à coup sûr, porter un jugement définitif sur la garde nationale d'après les exemples que nous avons eus sous les yeux. Les bataillons étaient si différents les uns des autres, les régiments de marche formés d'éléments si disparates, que nos appréciations ne s'appliquent qu'à des bataillons désignés, non à l'institution.

Au début, pendant une semaine environ, le 111e bataillon de marche fut incorporé dans la brigade. Composé uniquement des employés de la poste, ce bataillon comptait dans ses rangs un grand nombre d'anciens sous-officiers de l'armée. Ces hommes étaient habitués à une discipline sérieuses; les chefs, instruits et capables, savaient commander et désiraient faire leur service. C'était là un bataillon modèle; son chef, M. le commandant

Loiseau, était un homme de cœur et de tête. Pendant le peu de temps qu'il resta au parc d'Issy, tout marcha militairement, la surveillance fut exacte, et le 111ᵉ emporta à son retour à Paris les regrets de tous.

Malheureusement les bataillons qui le remplacèrent ne le valaient pas. Un seul était d'ancienne formation, le 41ᵉ. Composé des habitants des communes d'Issy, de Vanves et de Montrouge, tous propriétaires, connaissant bien les localités qu'ils avaient à garder; bien dirigé par le lieutenant-colonel Jametel, son ancien commandant, ce bataillon rendit de véritables services. Les hommes empêchèrent en partie le pillage des communes d'Issy et de Vanves. Leur surveillance fut exacte, et même un de leurs capitaines rendit à la défense un service remarquable en découvrant dans une carrière un dépôt de cartouches pour fusils Snyders et Remington, qui, enlevé en une seule nuit par le bataillon, fut transporté à Paris et utilisé. Ce dépôt de cartouches, provenant probablement de la manufacture de Meudon, avait été caché au moment de l'investissement, et il n'y a pas de doute que sans l'initiative du capitaine Candon on n'en aurait pas retrouvé la trace.

En même temps que le 41ᵉ, des bataillons de

nouvelle formation, le 132ᵉ, le 146ᵉ, le 202ᵉ, le 101ᵉ, devaient concourir à la défense du parc d'Issy. Nous avons peu de chose à dire des trois premiers. Ils firent à peu près leur service, gardèrent à peu près la discipline, firent en un mot ce qu'on devait attendre de troupes de formation nouvelle, sans officiers et sans cadre. Mais il est indispensable de s'étendre quelque peu sur le 101ᵉ bataillon, qui devait jouer un si triste rôle dans l'échauffourée du 22 janvier. Le 101ᵉ bataillon de garde nationale mobilisée, commandé par M. Baronnet, un parent de M. Laurier, se composait des habitants de la barrière d'Italie. Le jour de l'arrivée à Issy, le bataillon était tout entier en état d'ivresse. Les hommes, espacés sur la grande route d'Issy à Paris, chantaient et trébuchaient. C'était un honteux spectacle. Le soir, quelques hommes logés dans le séminaire d'Issy forçaient une armoire, s'emparaient de vêtements sacerdotaux qu'ils y trouvaient et se livraient dans la chapelle du séminaire à des parodies sacrilèges. De pareils actes trouvèrent un apologiste dans le citoyen Léon Melliet, adjoint au maire de l'arrondissement, qui, dans un style qui fera époque, déclara qu'il n'y avait pas de quoi fouetter un Veuillot, parce que Mars, ayant quitté Vénus, avait pris une heure Bacchus pour compagnon.

Peut-être n'était-ce là, après tout, qu'une erreur d'un moment. Les événements prouvèrent que des troupes sans discipline sont toujours des troupes sans courage. On vit les hommes du 101e abandonner leur poste de garde sous quelques coups de fusil prussiens, et laisser, sans aller les rejoindre, le général commandant la brigade et le général du génie Javain reprendre la position qu'ils avaient quittée. On en vit, le 10 janvier, au combat du Moulin de Pierre, se coucher dans les vignes et y jeter leurs outils, alors que la fusillade n'était pas même engagée. Enfin, le 17 janvier, un travail de tranchée étant ordonné, on ne put, malgré des batteries réitérées, chose inouïe en face de l'ennemi, trouver qu'une vingtaine d'hommes, au lieu de deux cents qui étaient commandés. Ce jour-là la patience échappa au général commandant la brigade. Il demanda et obtint le renvoi de ce bataillon à Paris. Après leur départ on trouva dans nombre de maisons des fusils abandonnés, des caisses de cartouches, des sacs même. Malgré le rapport adressé au gouverneur, on ne sévit pas contre ce bataillon. Quelques jours après, il marchait sur l'Hôtel de ville en demandant la guerre à outrance.

La discipline, sans laquelle il n'est pas de bonnes troupes, ne s'est guère rencontrée que dans les bataillons d'ancienne formation et dans ceux recrutés dans le centre de Paris.

Ailleurs la valeur individuelle ne manquait pas, à coup sûr; souvent elle nuisait plutôt. Ce qui faisait constamment défaut, c'était la valeur en masse, qui ne peut s'acquérir que par de bons cadres et un commandement sérieux. Combien de fois, durant cette épouvantable guerre, n'a-t-on pas vu des hommes se faire tuer isolément, sans profit pour le pays, alors que ces morts réunies et ces courages alliés eussent pu servir peut-être à briser, au jour donné, le cercle de fer qui nous étreignait.

C'est avec les éléments que nous venons d'indiquer que le colonel Porion dut défendre la ligne de la Seine à la Bièvre, objectif annoncé des efforts des Prussiens.

Nous entrons maintenant dans le récit des faits. Les postes de la brigade Comte furent relevés par la brigade Porion le 27 novembre. La brigade Comte allait prendre part aux combats du 28 et à la bataille du 2. Pendant que le canon tonnait de l'autre côté de Paris et que tant de braves gens tombaient, le rôle de la brigade fut uniquement passif. La division Corréard se trouvait placée sous les ordres du général Vinoy. Une des divisions du général Vinoy attaqua le village de l'Hay et la gare de Choisy-le-Roy. La division Corréard fut sur pied, mais, en cas d'attaque de l'ennemi, elle devait se retirer en arrière des forts. La brigade resta donc en armes pendant ces quatre jours, écoutant avec anxiété l'écho lointain de la bataille, recevant avec enthousiasme les bonnes nouvelles. C'était encore le temps où l'on pouvait y croire.

Les journées du 30, du 1er, du 2 et du 3 décembre se passèrent à attendre. L'ennemi ne se montra pas, ne répondit pas au feu des forts. Il avait concentré ses forces sur la Marne. A ce moment, que restait-il en face de nous ?

Le 3 décembre, tout, hélas! était rentré dans le calme. Cette bataille, qui pouvait être une victoire, qui en était une, était devenue un échec. La brigade n'avait plus à s'occuper que de son organisation et de la garde des postes qui lui étaient confiés. Des ordres précis interdirent aux hommes de courir isolément, de dépasser nos avant-postes, de faire ce que les mobiles de la Seine aimaient tant, des reconnaissances. Un grand nombre d'hommes avaient péri, au début du siége, dans ces promenades isolées, dont quelques-unes avaient il est vrai pour objectif une rencontre avec les coureurs ennemis, mais dont beaucoup n'avaient pour but que la maraude.

Chaque soir, pour ainsi dire, un ordre du général de division venait recommander aux troupes la plus grande vigilance. L'instruction des hommes n'était pas négligée. Par les plus grands froids (— 10°) le général prescrivait aux troupes d'exécuter l'école de tirailleurs et le tir à la cible. Les officiers et sous-officiers devaient journellement assister à des théories. Bref, rien n'était omis pour compléter, pour affermir les jeunes gardes mobiles dans le dur métier qu'ils avaient à faire. Pour éviter les alertes inutiles, la chasse était sévèrement interdite dans l'intérieur des cantonnements, et, pour maintenir la discipline, ordre était donné de passer par les armes tout homme qui chercherait à forcer les lignes ou qu'on surprendrait pillant. Chaque détail du service faisait successivement l'objet d'une instruction spéciale, et l'on arrivait à des gardes résolûment montées et à une surveillance exacte.

Le 13 décembre, l'armée du général Vinoy recevait une organisation nouvelle. Les trois premières divisions passaient sous le commandement supérieur du général Blanchard, nommé général du corps de la rive gauche. La division Corréard devenait la 1ʳᵉ division de ce nouveau corps, dont le rôle devait se borner à la garde des positions. Le 19 décembre, au moment où recommencèrent les opérations sur le plateau d'Avron, la brigade recevait l'ordre de prendre les armes pour montrer du monde et parer à toutes les éventualités ; mais aucune action militaire ne lui était confiée. Ce ne fut que tout à fait à la fin de décembre que les hommes marchèrent pour la première fois. Le 20, une compagnie du 3ᵉ bataillon de la Somme accompagna une reconnaissance dirigée vers Meudon. Les hommes se firent remarquer par leur bonne tenue et leur sang-froid au feu.

Le feu de l'ennemi, au reste, n'était rien en comparaison des souffrances que causait le froid. On avait eu beau alléger autant que possible le service, ordonner de construire des abris, de relever les factionnaires toutes les demi-heures, d'allumer dans les postes des feux suffisants pour que tous les hommes pussent se chauffer, les hommes souffraient et beaucoup mouraient à l'hôpital. Ces morts répétées impressionnaient vivement les troupes, et la nostalgie, qui faisait des ravages, gagnait chaque jour davantage. Dans les bataillons de la Somme, sur un effectif de 2,300 hommes, 380 étaient à l'hôpital, presque autant dans les infirmeries des corps. De plus, les bataillons avaient perdu une partie de leurs hommes, les meilleurs, incorporés dans des corps spéciaux. Un certain nombre d'entre eux avaient été détachés à Paris comme rhabilleurs de meules ; une compagnie auxiliaire du génie avait été formée; enfin une compagnie de francs-tireurs volontaires. Tous ces hommes pris uniquement dans les bataillons de la Somme appauvrissaient d'autant le nombre des présents.

Le 27 décembre, jour où par le bombardement du plateau d'Avron commence la 3ᵉ période du siége, la brigade comptait en tout 4,550 hommes présents, parmi lesquels deux bataillons de garde nationale mobilisée. Nous n'y comprenons pas une compagnie de francs-tireurs dont on ne connut jamais l'effectif et qui du reste ne rendit jamais de services.

Un des épisodes les plus singuliers du siége a été à coup sûr l'organisation des compagnies de francs-tireurs. Certains de ces corps francs cherchèrent à se rendre utiles, certains étaient composés d'hommes solides et déterminés; mais presque tous avaient une discipline médiocre et croyaient que ce titre de francs-tireurs les dispensait d'obéir. Jusqu'au 10 décembre les commandants de la brigade et l'autorité supérieure ignorèrent qu'en avant de la ligne de nos postes se trouvaient des compagnies de francs-tireurs, dits chasseurs de Neuilly. Ce fut par hasard que l'on apprit leur passage et leur intallation dans le parc des Jésuites, au Bas-Meudon. Ils n'y servirent à rien, et avant la fin du siége furent, sur leur demande, renvoyés à Paris.

Le bombardement d'Avron pouvait précéder une surprise sur nos lignes occupées par la brigade. D'autre part, l'ennemi pouvait à chaque instant ouvrir le feu sur les forts du sud-ouest. On devait donc se tenir prêt à toute éventualité. La brigade passa toute cette semaine sur pied, attendant d'instant en instant le premier obus de l'ennemi. De plus, les travaux de défense, négligés jusque-là dans la plupart des forts, prenaient chaque jour deux ou trois cents hommes dans les bataillons de la brigade. Aucune tranchée n'avait été creusée dans l'intérieur des forts, nulle précaution n'était prise. Dans le fort d'Issy, où depuis le mois de septembre deux bataillons de garde mobile de la Seine tenaient garnison, rien n'était prêt, et les gardes mobiles de la Somme durent tout faire. Il en fut de même au fort de Vanves. Enfin le 4 janvier, l'on avait, autant que possible, réparé le temps perdu, et l'on était paré pour les effets d'un bombardement désormais imminent. Dans les forts, toute la garnison avait été logée dans les casemates, et l'on avait fait sortir les hommes qui n'y avaient point trouvé place. A la suite de cette évacuation des forts, le 5e bataillon de mobiles de la Seine vint, pour quelques jours, renforcer la brigade.

Dans la nuit du 4 au 5 janvier, une reconnaissance, composée du 5e bataillon de la Seine et de quelques compagnies du 3e bataillon de la Somme, dut, par ordre supérieur, aller examiner les travaux de l'ennemi au Moulin de Pierre, où, disait-on, il construisait une batterie. La reconnaissance, commandée par M. le commandant Delclos, du 5e bataillon de la Seine, réussit à merveille ; mais au moment où le signal de la retraite fut donné, les obus prussiens commencèrent à pleuvoir. Leur objectif n'était pas notre colonne qui se retirait, mais Issy, Vanves,

Montrouge, Paris. Le bombardement des forts du sud, le bombardement de Paris, était commencé. C'était le 5 janvier, à six heures du matin.

Certes, pour ces troupes nouvelles, même pour les officiers qui avaient vu la Crimée et Sébastopol, ce fut une bien douloureuse et bien effroyable journée. Les obus éclataient partout dans le village d'Issy. La route stratégique était inabordable. Le parc du château d'Issy était pavé d'éclats. Et pourtant il y eut dans tous les cœurs, à ce moment, comme un sentiment de délivrance. Ce bombardement qu'on jugeait d'avance si effroyable, ce n'était que cela! Ces obus étaient si peu redoutables! On voyait les hommes se grouper sur les hauteurs de Vanves pour regarder les batteries prussiennes. Bientôt même ils n'y firent plus attention. On était habitué à l'idée de cette mort qui à chaque instant pouvait nous surprendre. Et l'on se disait surtout : Il en est tant passé déjà!

Pendant le bombardement, il parut nécessaire de faire soutenir sérieusement les grand'gardes. Cette précaution n'était pas inutile. Dans la nuit du 16 au 17 janvier, les Bavarois tentèrent une attaque de vive force contre les barricades de la route des Moulineaux. Nos troupes, qui faisaient bonne garde, furent très-utilement secondées par la compagnie de soutien, et l'on sut, après l'armistice, d'un général bavarois, que nous avions fait cette nuit-là beaucoup de mal à l'ennemi.

Quel qu'eût été le travail de défense, le bombardement était tellement vif sur les forts d'Issy et de Vanves que chaque nuit la brigade devait détacher deux ou trois cents hommes pour réparer les dégâts causés par le feu de l'ennemi. Ce fut donc un renfort très-utile que l'arrivée, le 6 janvier, d'un détachement d'environ deux cent cinquante hommes de la garde mobile de l'Yonne. Ces hommes, qui n'avaient point encore été employés à l'extérieur, avaient été appelés à Paris, au commencement du siége, pour garder les bestiaux destinés à la consommation. Ils avaient été organisés en compagnie et avaient dû élire des chefs. C'étaient des garçons solides, tout frais, habitués à une vie dure, obéissants, et qui faisaient d'excellents soldats. Ils rendirent de grands services dans la brigade. Secondés par les gardes mobiles de l'Yonne, les mobiles de la Somme furent très-utiles dans les forts. Néanmoins, tous les travaux qu'ils pouvaient exécuter ne servaient qu'à protéger la garnison, et le feu des forts avait dû se ralentir, puis s'interrompre. Les postes ennemis se rapprochaient de nos lignes. Les précautions les plus grandes étaient ordonnées; mais chaque jour les fusils de rempart faisaient des victimes dans nos rangs. Les Prussiens avaient établi des batteries de ces armes sur un grand nombre de points. Une de ces batteries, sur le viaduc de Fleury, enfilait toute la route des Moulineaux, déjà battue sans relâche par leurs obus, et les projectiles allaient tuer dans les maisons les hommes du poste de réserve. Il en était de même à Clamart. Enfin, l'ennemi s'établissait d'une façon sérieuse au Moulin de Pierre. Il était à craindre qu'il n'y installât une batterie et qu'il ne commençât des travaux d'approche contre les forts. En un mot, la situation devenait tellement difficile qu'on avait dû prévoir le cas où la brigade ne pourrait conserver la ligne qu'elle occupait et où elle devrait se retirer derrière la seconde ligne de défense, qui, formée de barricades peu sérieuses et de murs crénelés, dépourvue de toute espèce d'artillerie, n'aurait pu longtemps arrêter l'ennemi.

Il était nécessaire, dans ces conditions, de s'assurer des intentions de l'ennemi et de l'état de ses travaux sur le point le plus inquiétant de sa ligne d'attaque, évidemment le Moulin de Pierre.

Dans la nuit du 9 au 10, un coup de main fut dirigé par ce point. Les troupes, sous les ordres du colonel Porion, commandant la brigade, formaient un effectif d'environ dix-huit cents hommes, parmi lesquels quatre cents travailleurs. Pour former la tête de la colonne d'attaque, trois cents fusiliers marins étaient arrivés dans la journée d'un des forts du nord. Le reste se composait de gardiens de la paix et de gardes mobiles des 3e et 5e de la Somme et 5e de la Seine. Les troupes, massées à la barricade du chemin de fer de Clamart, seul passage pour se porter en avant, se formèrent en trois colonnes. La première fila à droite, le long de la profonde tranchée du chemin de fer de Clamart à Meudon, et alla occuper, à droite du Moulin de Pierre, une série de plis de terrain et d'entrées de carrière, où, malgré la neige, elle se dissimula parfaitement. Cette première colonne ne rencontra pas un poste devant elle. Son rôle fut purement passif; mais l'attitude des hommes, gardes mobiles de la Somme, fut réellement très-belle. Une seconde colonne marchait, pendant ce temps, droit devant elle dans la grand'rue de Clamart, et s'y heurtait à des postes bavarois. Les gardiens de la paix, qui formaient la tête, furent brillamment secondés par le 5e bataillon de garde mobile de la Seine. Un combat corps à corps s'engagea dans les rues du village, mais la colonne s'était installée en arrière d'une barricade, où elle tint bon

Enfin la colonne d'attaque, commandée par M. Gervais, lieutenant de vaisseau, et guidée par M. Leroy, officier d'ordonnance du colonel Porion, se dirigea diagonalement par la redoute du Moulin de Pierre. Formée de marins, de gardiens de la paix et de gardes mobiles de la Somme, et suivie d'ouvriers du génie et de travailleurs pris dans les 101e et 41e bataillons de la garde nationale mobilisée, la colonne, précédée de tirailleurs, arriva au bas de l'ouvrage sans tirer un coup de fusil. Deux compagnies de fusiliers marins, qui se trouvaient en tête, contournèrent la position et allèrent s'établir fortement à un carrefour où aboutissent les routes de Clamart à Fleury et à Billancourt. Le poste bavarois était cerné. Tout ce qui se trouvait dans l'intérieur de la redoute fut tué ou pris. Les travailleurs du génie détruisirent deux cents mètres de gabionnade établie par l'ennemi, et, comme il n'était pas possible de faire en quelques heures des travaux utiles, les troupes, sur le signal donné, se retirèrent en bon ordre.

Cet engagement était peu de chose, à coup sûr. Il nous rapportait pourtant ving-deux prisonniers et retardait de quelques jours l'établissement de la batterie ennemie. Il permettait de constater la solidité et l'entrain des gardes mobiles de la Somme. Quant aux gardiens de la paix et aux marins, ils avaient été à la hauteur de leur réputation. Cette reconnaissance avait coûté deux tués et onze blessés; elle valut à la brigade un ordre du jour flatteur et entra pour quelque chose dans la nomination au grade de général de brigade du colonel Porion, juste récompense d'une carrière pleine de courage et d'honneur.

Malheureusement, on tentait quelques jours après, dans la nuit du 13 au 14, sur le même point, une reconnaissance qui ne fut pas couronnée du même succès. Cette fois, le général Blanchard, commandant le corps d'armée de la rive gauche, s'était mis à la tête des troupes. La brigade ne devait jouer qu'un rôle secondaire, six ou sept mille hommes étant désignés pour prendre part à l'affaire.

Les troupes devaient être rendues à huit heures du soir sur la route de Clamart. Une brigade, commandée par M. le capitaine de vaisseau d'André, composée de gardes mobiles de Saône-et-Loire et de la Vienne, n'y arriva qu'à minuit. Pendant ces quatre heures d'attente, par un froid très-vif, il avait été impossible d'imposer aux troupes un complet silence. L'ennemi était prévenu. Il laissa la colonne de droite s'engager le long de la tranchée du chemin de fer et ouvrit sur elle, à ce moment, un épouvantable feu de mousqueterie. Les hommes, ceux de la brigade Porion, ahuris par le froid, ceux de la brigade d'André, fatigués d'une longue marche, le sac au dos avec des vivres pour deux jours, s'épouvantèrent et se jetèrent dans la tranchée du chemin de fer. Quelques gardiens de la paix et quelques mobiles de la Seine arrêtèrent heureusement un instant l'élan de l'ennemi, dont les hourras achevaient de terrifier nos troupes. Le désordre s'accrut encore par la vue des effets des obus prussiens. A la suite de cette affaire, qui nous coûta près d'une centaine d'hommes, le moral des troupes, déjà éprouvé par le froid, les gardes continuelles, les alertes et le travail de jour en jour plus pénible, s'affaiblit encore. De plus, les vivres diminuaient; les postes prussiens, protégés par les canons de leurs redoutes, se rapprochaient; enfin l'ennemi avait démasqué deux nouvelles batteries à moins de deux cents mètres de nos avancées. Le service même était devenu si dur que l'autorité supérieure dut y remédier. A partir du 14 janvier, la ligne à garder par la 1re brigade ne s'étendit plus que de Billancourt au chemin de Clamart. Une attaque de vive force était imminente. Enfin, les travaux de réparation des forts allaient devenir encore plus importants.

Le fort d'Issy avait été épouvantablement éprouvé par les projectiles prussiens. Depuis six ou sept jours les casernes brûlaient. Plusieurs casemates s'étaient effondrées. Une brèche profonde avait comblé le fossé. On avoit dû, dès les premiers jours, retirer les canons des embrasures, et le fort ne répondait plus au feu de l'ennemi. Pour éviter un désastre, il fallut, en deux nuits, par un épouvantable verglas, enlever douze mille projectiles qui se trouvaient dans des casemates déjà atteintes et les transporter à près d'un kilomètre du fort.

Ce travail, accompli sous d'incessantes décharges des batteries prussiennes, fut certainement une des plus rudes épreuves du siége.

Enfin, pour garantir le fort d'Issy contre une attaque de vive force, M. le général du génie Javain ordonna de creuser une tranchée qui, partant de la route des Moulineaux, contournait le cimetière d'Issy et, se dirigeant brusquement ensuite à gauche, passait devant le fort et allait rejoindre à la route de Clamart la batterie qui y était établie. Ce travail qui, accompli deux ou trois mois plus tôt, aurait pu avoir une utilité sérieuse et aurait pu être le commencement d'une série de contre-approches, ne pouvait maintenant qu'exposer inutilement les travailleurs et les hommes chargés de les protéger. C'était de plus une grande fatigue, puisque la brigade fournissait chaque nuit, outre ses postes, fort augmentés depuis la concentration, deux bataillons, un de travail et un de soutien. Cette tranchée, commencée le 17 janvier, fut à peine utilisée, et n'était même pas complétement terminée le 26.

Il n'est pas sans intérêt à ce moment de jeter un coup d'œil sur les subsistances de la troupe. Il faut rendre justice sur ce point à l'intendance militaire, dont les agents se sont montrés dans d'autres services si complétement insuffisants. Les troupes ont peu souffert par rapport à la population civile. Les vivres délivrés étaient généralement d'excellente qualité, et si les hommes de la brigade étaient quelquefois affamés, la faute n'en était pas au service de l'intendance, mais à l'organisation des compagnies, dont les comptables n'étaient pas toujours suffisamment surveillés. De plus, les hommes ne savaient pas utiliser les aliments qu'on leur distribuait. Il a été très-difficile de leur faire manger du riz. Ils s'habituèrent avec répugnance au biscuit, et quelques-uns, particulièrement dans les 1er et 3e bataillons, ne voulurent jamais boire de vin. Avec la vie que menaient ces hommes, la ration distribuée était suffisante et bien combinée. Le grappillage la diminuait déjà, et, si les hommes n'utilisaient pas une des espèces de leurs rations, il pouvait en résulter des préjudices très-sérieux pour leur santé. Au début, le 14 novembre, la ration de pain était de mille grammes, la ration de viande fraîche de cent grammes. Les hommes touchaient de plus 5 centilitres d'eau-de-vie, 50 centilitres de vin, 100 grammes de riz, 20 de sel, 16 de café et 21 de sucre. Le taux de la ration de vin fut ramené à 25 centilitres peu de temps après. Le 1er décembre, l'administration diminuait de 250 grammes la ration de pain, mais faisait distribuer en surplus une ration de 50 grammes de biscuit, et augmentait de 50 grammes la ration de viande fraîche, portée définitivement à 175 grammes le 20 décembre, en même temps qu'était supprimée la ration de biscuit, que les troupes gaspillaient. A partir du 27 janvier seulement, les hommes ne touchèrent plus que 500 grammes de pain, mais le taux de la viande fut élevé à 200 grammes. On avait été obligé, tant les approvisionnements étaient épuisés, de faire distribuer dans les bataillons les vivres de réserve, qui devaient servir en cas de mouvement. Les officiers généraux et les officiers de tout grade ne touchaient plus qu'une ration, mais cette ration était suffisante. Elle se composait de 500 grammes de pain ou 370 grammes de biscuit, 30 grammes de légumes comprimés, 200 grammes de viande fraîche ou 150 de viande salée, 50 centilitres de vin, 20 grammes de sel, 40 grammes de sucre, 30 grammes de café et 5 centilitres d'eau-de-vie.

Quant aux chevaux, leur ration avait été portée à l'extrême minimum, tous les grains étant employés à faire du pain. Les chevaux de la première catégorie (état-major), de beaucoup les mieux traités, recevaient, le 1er décembre, 2 kilos de foin, 6 kilos 300 d'avoine, 900 grammes de son. Le 13 janvier, la ration de foin n'était plus que de 1,500 grammes. Le 23 janvier, la ration d'avoine n'était plus que de 2 kilos 500, et, bien qu'on eût augmenté considérablement la ration de son, l'alimentation des chevaux était devenue totalement insuffisante. Le défaut de nourriture et le froid les tuaient chaque nuit par centaines.

La brigade ne prit pas part à l'affaire désastreuse du 19 janvier. Elle put assister de loin aux phases de cet inutile combat. Il n'y avait plus rien à faire. Pourtant des renforts arrivaient. Le 109e de ligne venait s'installer à Vanves. Il est vrai que le bataillon des gardiens de la paix, dont la présence avait été jugée nécessaire à Paris, l'avait quitté. Tout le monde sentait bien que le dénoûment approchait. Le général Vinoy avait pris la place du général Trochu, et dans sa proclamation déclarait que le siége était arrivé à son moment critique. Il n'y avait plus qu'un cri dans l'armée comme dans la population : Pourquoi continuer? Et l'on plaignait plus encore les victimes de ces derniers jours, de ces dernières heures du siége. Puis, les désordres qui venaient d'agiter Paris avaient rempli les âmes de tous les soldats d'une haine profonde pour ces gardes nationaux du 101e bataillon, qu'ils avaient vus à l'œuvre et dont la conduite en face de l'ennemi n'avait pu leur inspirer que du mépris. Les soldats savaient que ceux-là seulement et leurs amis demandaient la continuation d'une guerre qui désormais ne pouvait plus aboutir qu'à une série de désastres. Ils ne désiraient que marcher sur Paris pour écraser l'émeute.

Le 26 janvier au soir, le bombardement avait redoublé d'intensité. Les obus pleuvaient sur Issy ou passaient en grondant vers Paris. A onze heures arrivait la nouvelle de l'armistice, et l'ordre de suspendre le feu à minuit. Le 27 au matin, les chefs des corps de l'armée et de la garde mobile se rendaient au ministère de la guerre, où l'ancien gouverneur de Paris, M. Trochu, leur annonçait la nécessité où l'on se trouvait de traiter au plus vite. Il leur dépeignait les revers des armées de province, et leur déclarait que jamais pendant le siége il n'avait compté sur l'armée. Beaucoup de ces hommes avaient eu des fils, des parents ou des amis tués par l'ordre de M. Trochu. Pas un ne lui demanda compte de ce sang inutilement versé.

Lorsque les chefs de corps revinrent du

ministère, les troupes, particulièrement les gardes nationaux, étaient en train de fraterniser avec l'ennemi. Les Bavarois jugeaient qu'un verre d'eau-de-vie et un morceau de saucisson devaient suffire pour les réconcilier avec les Français. Il y eut là des spectacles sur lesquels il ne convient pas de s'arrêter. Enfin, le 29 janvier, à dix heures et demie du matin, les troupes formant la première brigade quittaient ces positions où elles ne s'étaient maintenues qu'en dépensant tant d'efforts et tant de sang. Beaucoup, en abandonnant ce village où tant d'obus étaient venus s'écrouler, regardaient derrière eux avec tristesse en songeant aux amis morts et à la patrie morte. Les troupes bavaroises prirent possession de nos cantonnements.

Il nous reste peu de chose à dire pour avoir terminé ce triste récit. Après la rentrée des troupes, chacun des généraux qui les avait eues sous ses ordres leur adressa ses adieux. Le général Blanchard leur disait « qu'il emporterait dans sa retraite le souvenir glorieux d'avoir eu l'honneur d'être placé à leur tête ». Le général Corréard, commandant la division, exprimait aux hommes sa satisfaction sur leur excellente conduite et le bon esprit dont ils n'avaient cessé de donner les preuves. « Appelés, disait-il, à faire pendant deux mois un service des plus pénibles devant l'ennemi, et notamment pendant vingt-deux jours de bombardement, vous avez supporté les fatigues, les privations et les dangers avec résolution et fermeté, et, bien que la fortune, trahissant votre courage, n'ait pas répondu à nos espérances, vous rentrerez dans vos foyers, le cœur brisé des malheurs de la patrie, mais la tête haute et avec la confiance que donne au soldat la certitude d'un devoir noblement accompli. »

Le général Porion, nommé, à la suite de la dissolution de sa brigade, au commandement du premier secteur, remerciait ses compatriotes du concours dévoué qu'ils lui avaient apporté et du grade de général que lui avait valu leur courage.

Ici s'arrête notre tâche. Mêlée désormais à la grande armée de Paris, la brigade, réduite au 52e régiment, au 3e bataillon de mobiles de la Somme et au détachement de mobiles de l'Yonne, sut prouver par sa discipline qu'elle méritait la réputation que lui avait value son courage. Pendant trois jours, les hommes, casernés presque en plein air sous les arcades du chemin de fer d'Auteuil (rive gauche), ne firent pas entendre une plainte, bien que le froid fût très-vif et que la neige tombât à gros flocons. Au reste, on devait s'y attendre. Il est impossible de dire ce que ces hommes ont souffert Depuis le 26 novembre, ils n'étaient point, on l'a vu, rentrés dans Paris. Le service qu'ils avaient eu à fournir prenait journellement deux compagnies sur sept dans chaque bataillon. Les alertes ne leur avaient pas été ménagées : de deux jours l'un, pour ainsi dire, toutes les troupes étaient envoyées aux tranchées. Depuis le bombardement, elles avaient été exposées à un feu continuel, non seulement aux obus, mais aux balles et surtout aux balles de rempart. Pendant plus de deux mois, sans une minute de lassitude, elles avaient gardé ces positions, désignées dès longtemps par les Prussiens comme leur objectif; chaque jour, des camarades, des amis, des parents, tombaient sous les balles ennemies ou sous le froid, pire encore que les balles. Pendant ces deux mois, ces hommes qui sortaient de leurs villages, qui n'aimaient pas le métier militaire, et qui faisaient leur devoir par devoir, n'eurent pas un moment d'hésitation, et bien peu cherchèrent à se soustraire à la pénible corvée des gardes de tranchée. L'honneur de leur bonne tenue revient, il est vrai, pour une part, à leurs officiers, dont beaucoup montrèrent un dévouement et une abnégation au-dessus de tout éloge. Le lieutenant-colonel Boucher, commandant le 52ᵉ, faisait voir aux hommes par sa présence presque continuelle jusqu'à quel point la sûreté de l'armée était intéressée à leur bonne surveillance. Dans les corps d'officiers, chacun s'efforçait de se mettre au courant du service, et, bien que les élections eussent été défavorables à la bonne tenue et à la discipline de bataillons, l'ordre revenait peu à peu; les officiers se formaient, et les sous-officiers apprenaient leur métier.

Il est pourtant inutile d'essayer de le dissimuler, la grande faiblesse de notre armée, de notre garde mobile particulièrement, a été dans l'absence de cadres. On avait dû donner les grades de sous-officier au hasard, au moment du départ. Beaucoup de ces sous-officiers se montrèrent indignes de leurs galons, ou ne comprirent pas l'importance extrême des fonctions qu'ils avaient à remplir. Les officiers, d'autre part, ne se donnèrent pas tous assez de peine pour introduire de l'ordre dans leurs compagnies. Bref, si ces hommes n'avaient pas été ce qu'ils étaient, s'ils ne s'étaient pas montrés admirables parfois de dévouement, les choses auraient pu mal marcher à de certains jours.

Et c'est pour cela même qu'il nous est permis d'espérer. Formons des cadres sérieux ; que les officiers s'instruisent ; que les sous-officiers obtiennent leurs galons par leur mérite ; qu'officiers comme sous-officiers soient soumis à des examens sévères ; que les galons et les grades ne soient pas, comme ils l'ont été trop souvent dans cette guerre, un moyen donné aux jeunes gens de familles riches ou nobles pour éviter les corvées et les gardes, mais la récompense d'un mérite reconnu par leurs pairs ; que tous apprennent ce qu'est la discipline ; qu'on ne présente plus aux enfants, comme un exemple exceptionnel, l'histoire d'un homme à qui on dit : Restez-là et faites vous tuer. Que ce sentiment de l'abnégation de la personne, du sacrifice de l'individu au profit d'une idée, d'un parti, de moins que cela, d'un ordre donné par un supérieur, devienne le sentiment de l'armée et de la nation. Alors, avec des hommes comme ceux que nous avons, et pourvu qu'il nous vienne un général, nous pourrons, s'il plaît à Dieu, bien faire pour l'honneur de la France. Mais que les officiers ne s'imaginent pas, dès à présent, qu'ils savent leur métier. Combien en est-il parmi eux qui connaissent l'état financier de leurs compagnies, qui possèdent leur théorie, qui en sachent même les éléments? On s'est moqué beaucoup, avant cette guerre, des officiers à lunettes qu'on avait vus dans l'armée prussienne. Il n'y a que les officiers à lunettes de chez nous, les officiers de l'École polytechnique, artilleurs et ingénieurs, qui aient été à la hauteur du rôle qu'ils avaient à jouer. Tout le reste était brave, et se figurait que cela suffisait. Il faut qu'un mot d'ordre coure d'un bout de la France à l'autre, que tout le monde retienne ce mot-là et se mette à l'œuvre.

Si nous voulons prendre une revanche, il faut nous instruire. Il faut bouleverser nos écoles, faire place nette de cet état-major qui a été une des grandes causes de nos revers; supprimer cette école de Saint-Cyr, où les officiers n'apprennent rien. Il faut que chaque grade soit gagné non à la pointe du sabre, mais à la pointe de la plume. La guerre qu'on fait aujourd'hui est une guerre d'ingénieurs. Elle exige un genre de courage particulier : le courage de l'attente. L'armée prussienne, dans cette guerre, n'a fait que deux choses : marcher et se retrancher. Les

Français, dédaignant la pelle et la pioche, n'ayant pas l'habitude de la marche, venaient se briser contre les retranchements allemands, ou se trouvaient cernés par eux et étaient obligés de se rendre. Pour lutter donc, il faut que nos officiers soient aussi bons que les officiers prussiens. Ils ont le courage, qu'ils aient l'instruction.

Enfin, notre organisation militaire est à refaire sur le modèle prussien. Chaque fois que la France et la Prusse se sont heurtées, l'une des puissances a été battue parce que l'autre avait trouvé un procédé plus perfectionné de faire la guerre. Après la guerre de la succession d'Autriche, où les deux armées avaient combattu côte à côte, la Prusse put mettre le doigt sur les imperfections du système français. Aussi, dans la guerre de sept ans, opposa-t-elle un instrument à rouages admirables à la *furia* de nos troupes. Les généraux prussiens étaient de grands hommes de guerre; les nôtres, de plats courtisans. Notre armée, pas nourrie, mal vêtue, mal armée, mal disciplinée, mal commandée, se heurtait à des soldats irréprochables de tenue et d'armement, gras et gros, qui obéissaient, on peut le dire, à la baguette. La Prusse en était restée à cet idéal lorsque survint la Révolution. Heureusement, dans la fameuse campagne de Dumouriez, la diplomatie joua au moins un aussi grand rôle que l'armée, car on ne peut savoir ce qui serait advenu de cette cohue qu'à Valmy on s'étonna si fort de ne voir pas fuir au premier coup de canon.

Mais lorsque cette cohue de la levée en masse eut été disciplinée, formée, aguerrie par Bonaparte, les Prussiens apprirent à leurs dépens ce que valait cet instrument qu'ils avaient dédaigné. Ils profitèrent de la leçon d'Iéna. La grande réorganisation de Stein ne fut autre chose que l'application du principe français encore étendu et généralisé. Nous sûmes en 1813, en 1814, en 1815, ce que valait l'armée prussienne. Nous en étions restés pour notre part à l'organisation de Napoléon Ier, amoindrie encore par les criailleries de l'opposition et par la décadence nécessaire de tout système qui reste dans le *statu quo*. Nous disions: l'armée française est la plus belle du monde, parce qu'elle n'avait été opposée qu'à des armées formées sur le modèle français, inférieures comme toute imitation, et qu'elle ne battit pourtant pas sans peine. Quand nous nous trouvâmes en face de l'armée prussienne, ce fut autre chose. Cette fois ce n'était plus une armée que nous avions à combattre, mais une nation armée.

Si à cette levée en masse nous avions su dès le début opposer la levée en masse, s'il avait été possible d'organiser, de discipliner, d'aguerrir ces foules que la province et Paris nous donnaient, nous nous en serions tirés sans nul doute. Mais, parmi nos chefs, les uns ne croyaient pas, les autres parodiaient les hommes de 93, aucun n'était de force à être un dictateur. Pour jouer ce grand rôle il fallait un soldat et un patriote, nous n'avions que des avocats et des incrédules. Ce qui est résulté de ces cinq mois de lutte, nous le savons incomplétement encore. Mais que de sang il faut que cette France ait dans le cœur pour qu'elle ne soit pas morte! Il faut tout reconstruire, industrie, commerce, fortune, armée, pensée même. Il faut que dans tous les cœurs, dans tous les esprits, il n'y ait qu'un mot d'ordre: refaire la France. Et d'abord refaire l'armée, refaire la discipline, refaire l'instruction, refaire la tactique, mettre l'armée française, en un mot, à la hauteur de l'armée prussienne. C'est vers ce but que doivent pousser leurs concitoyens tous ceux qui aiment la France, qui la veulent relevée et vengée, tous ceux qui attendent, l'âme crispée, l'heure où nous demanderons compte à l'Allemagne de ses pillages et de ses assassinats.

DOCUMENTS SUR LA GUERRE DE 1870-71
ET SUR LA COMMUNE

Publiés par Georges D'HEYLLI.

Jules Favre et M. de Bismarck (*Entrevue de Ferrières*) . . . . 1 vol.

M. Thiers a Versailles (*L'Armistice*) . . . . . 1 vol.

Télégrammes militaires de M. Léon Gambetta. 1 vol.

Victor Hugo et la Commune . . . . 1 vol.

Le Livre rouge des communeux (Liste des fonctionnaires de la Commune, extraite de son *Journal officiel*) 1 vol.

La Légion d'honneur et la Commune. (Rapports et dépositions authentiques concernant le séjour du général Eudes et de son état-major à la grande Chancellerie), avec une lithographie. . . . . 1 vol.

Journal du siége de Paris (*en cours de publication par livraisons in-8*).

Le Moniteur prussien de Versailles (*en cours de publication par livraisons in-8*).

Bibliographie du Siége et de la Guerre . . . 1 vol.

Les Souteneurs de la Commune. . . . . 1 vol.

Les Polonais et la Commune. . . . . 1 vol.

9340 — Paris, imp. Jouaust, rue S.-Honoré, 338.

www.ingramcontent.com/pod-product-compliance
Lightning Source LLC
LaVergne TN
LVHW021700080426
835510LV00011B/1502